LES

PARTS DE FONDATEUR

ESQUISSE D'UNE THÉORIE NOUVELLE

A PROPOS D'UN LIVRE RÉCENT

PAR

Jules VALERY

PROFESSEUR DE DROIT COMMERCIAL A L'UNIVERSITÉ DE MONTPELLIER

PARIS

ALBERT FONTEMOING, ÉDITEUR

Libraire des Écoles Françaises d'Athènes et de Rome
du Collège de France et de l'Ecole Normale Supérieure

4, RUE LE GOFF, 4

1904

8° F
3687

LES
PARTS DE FONDATEUR

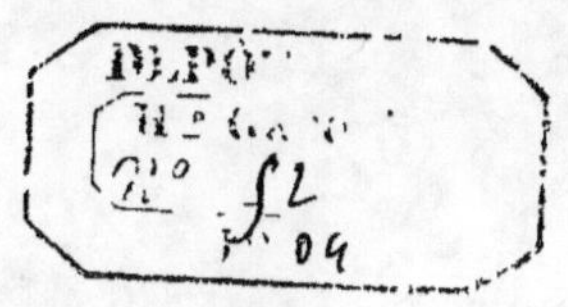

ESQUISSE D'UNE THÉORIE NOUVELLE

A PROPOS D'UN LIVRE RÉCENT

PAR

Jules VALERY

PROFESSEUR DE DROIT COMMERCIAL A L'UNIVERSITÉ DE MONTPELLIER

PARIS

ALBERT FONTEMOING, ÉDITEUR

Libraire des Écoles Françaises d'Athènes et de Rome

du Collège de France et de l'École Normale Supérieure

4, RUE LE GOFF, 4

1904

OUVRAGES DU MÊME AUTEUR

Histoire du pacte de constitut. — De la transmission à l'égard des tiers de la propriété immobilière, des droits réels immobiliers et des droits de créance. Thèses pour le doctorat. Montpellier, Ricard frères, 1889. . . . . . . 12 »

Traité des contrats par correspondance (*ouvrage couronné par l'Académie des sciences morales et politiques*). Paris, Fontemoing, 1895. . . . . 8 50

Du louage des meubles. Paris, Rousseau, 1895.. . . . . 2 »

Histoire du contrat d'assurancé au moyen âge (traduction de l'ouvrage italien d'Enrico Bensa). Paris, Fontemoing, 1897. 3 50

L'Exterritorialité des lois et les Etats à formation complexe. Bruxelles, 1897. . . . . 1 75

Les Assurances sur la vie en droit international (ouvrage de M. Guido Bonolis, traduit de l'italien et annoté en collaboration avec M. Joseph Lefort). Paris, Fontemoing, 1902. . . . 6 »

Maison de commerce et fonds de commerce. Paris, Rousseau, 1903. . . . . 2 50

Traité de la location des coffres-forts (pour paraître prochainement à la librairie Fontemoing).

LES

PARTS DE FONDATEUR

Esquisse d'une théorie nouvelle à propos d'un livre récent

Traité des parts de fondateur, par M. Emile Lecouturier, avocat à la Cour d'appel de Paris. Paris, Librairie du *Recueil général des lois et arrêts*, 1903. Un vol. in-8° de xx-296 pages.

La Compagnie internationale du canal de Suez, obligée, à raison de l'importance inouïe de son entreprise, à se procurer des ressources et des appuis considérables, a été amenée par là, comme on le sait, à imaginer diverses combinaisons financières dont le résultat a été l'introduction à la Bourse de titres de types nouveaux et dont la loi n'avait pas prévu l'existence. Parmi ces titres, les parts de fondateurs ou parts bénéficiaires sont les plus singuliers et aussi les plus importants, soit à raison des droits qu'ils confèrent, soit parce qu'un grand nombre de sociétés, imitant l'exemple donné par la Compagnie de Suez, en ont créé à leur tour, soit, enfin, par suite des difficultés juridiques qui s'élèvent souvent à leur égard en l'absence de toute disposition législative qui les réglemente. Aussi les parts de fondateur ont-elles fait l'objet d'études déjà nombreuses, dont la dernière, et assurément la plus complète, est le traité que vient de publier M. Lecouturier, avocat à la Cour de Paris. Ce livre, qui se présente sous les auspices d'un maître en la matière, M. Houpin, l'éminent directeur du *Journal des Sociétés*, mérite à tous les points de vue d'être connu. Je vais essayer d'en faire une analyse assez complète pour mettre en lumière ses principaux traits, et je voudrais ensuite profiter de cette occasion pour exposer comment doit se concevoir, à mon avis, la nature des parts de fondateur.

I

Toute question relative aux parts de fondateur suppose résolue la question préalable de savoir quelle est la nature de ces titres. Là se trouve, en effet, le nœud des diverses difficultés susceptibles de s'élever à leur sujet. C'est donc très justement que M. Lecouturier s'est préoccupé tout d'abord de ce problème fondamental, en passant en revue les différentes opinions dont le désir de le résoudre a provoqué la formation.

Il groupe ces opinions en cinq systèmes. Les deux premiers présentent ce trait commun qu'ils considèrent la part de fondateur comme une part sociale ; tous deux argumentent en ce sens de ce que le porteur d'une part bénéficiaire a droit, comme tout associé, à participer aux bénéfices de la société et que, d'autre part, il a contribué également, comme les autres membres de la société, à sa constitution en en préparant le projet, ou en lui procurant des concours qui lui étaient nécessaires, ou en mettant à sa disposition, durant sa période de formation, des capitaux qui ont permis d'en jeter les premières bases. C'est donc un associé. Reste à savoir quel caractère il convient de lui reconnaître, et c'est là-dessus que les deux systèmes se séparent, l'un voyant dans la part de fondateur une sorte d'action ou, si l'on veut, une action de jouissance ; l'autre, qui ne reconnaît le caractère d'action qu'aux titres représentatifs d'une portion du capital social, car on y considère les parts de fondateur comme des parts sociales *sui generis*. On adresse à ces deux systèmes le reproche commun de méconnaître les intentions des parties qui ont contribué à la constitution de la société. En créant des parts de fondateur ont-elles entendu attribuer aux propriétaires de ces titres la qualité d'associés ? Assurément non, puisque on leur refuse formellement le droit de surveiller et de contrôler la marche des affaires sociales, le droit de participer à la modification des statuts ou de s'opposer à cette modification, le droit de concourir à la détermination des bénéfices à distribuer, le droit de provoquer la dissolution anticipée de la société, etc., c'est-à-dire, en un mot, tous les droits, ou peu s'en faut, attachés à la qualité d'associé. C'est donc que cette qualité leur fait défaut. Quelle est donc, dès lors, celle qui leur appartient en réalité ? Le troisième système répond : la qualité de créanciers, de même que le commis intéressé aux bénéfices de la maison de commerce de son patron, est, de l'avis général, non pas l'associé, mais le créancier de ce dernier. Les analogies entre ces deux situations sont frappantes, dit-on ; qu'il s'agisse d'un porteur de parts de fondateur ou d'un commis intéressé, on se trouve en présence d'une personne à laquelle on a promis, en rémunération de certains services, une part des bénéfices à provenir d'une affaire commerciale ou industrielle, d'une personne qui a donc le droit de réclamer cette part, qui, par contre, ne peut s'ingérer, pas plus que tout autre créancier, dans la direction de l'affaire aux produits de laquelle elle doit participer, mais qui a du moins le droit, comme tout créancier, d'obtenir des tribunaux des mesures propres à sauvegarder ses intérêts contre les abus et les manœuvres dolosives de son débiteur.

A côté de ces trois systèmes, qu'il qualifie de principaux, M. Lecouturier en énumère encore deux autres auxquels il attribue ce rang secondaire à raison de leur défaut de précision. L'un est celui qui a été proposé par M. Arthuys (*Revue critique*, 1897, p. 273); il considère les parts de fondateur comme des *titres d'intérêt*, et les porteurs comme des *intéressés*, en leur refusant aussi bien la qualité d'associés que celle de créanciers. Mais, ainsi que notre auteur l'observe avec raison, on n'a pas résolu la question lorsqu'on a qualifié ces titres de *titres d'intérêt*, et les porteurs d'*intéressés*, car il reste encore à dire ce que c'est qu'un titre d'intérêt et un intéressé. On se trouve en présence de mots, sans que la question ait fait un pas vers sa solution. L'autre système encourt la même critique; il voit dans la part de fondateur un titre *sui generis*, dérivant d'une sorte d'association en participation; mais quels sont les droits attachés à ce titre? Voilà ce qu'on néglige de dire et c'est là, cependant, ce qui serait important.

De ces divers systèmes, quel est celui en faveur duquel M. Lecouturier s'est prononcé? Si l'on se contentait de parcourir rapidement son traité, on pourrait être entraîné à dire pour aucun, car, après les avoir fait connaître, après avoir insisté sur les difficultés de la question, ainsi que sur les hésitations de la doctrine et de la jurisprudence, il paraît avoir reculé lui-même devant la nécessité de prendre parti. Cependant, un examen attentif de la discussion à laquelle il se livre montre qu'il est partisan de l'opinion suivant laquelle la part de fondateur est une créance. Cela ressort, au surplus, de la définition qu'il en donne : « On désigne, » dit-il (1), « sous ce nom des certificats créés, en vertu des statuts, au profit de diverses personnes qui les reçoivent, les unes gratuitement, les autres en échange d'un service rendu ou d'un apport fait à la société, et donnant droit à une quote-part des bénéfices, à l'exclusion de toute autre prérogative, droit sur le capital ou droit de vote à l'assemblée. »

Une fois cette question de principe traitée, M. Lecouturier entre dans le détail de son sujet, et le premier point sur lequel son atten-

____

(1) N° 11, *adde* n°° 146 et 318.

tion s'est portée tout naturellement est la légalité des parts de fondateur. Il estime avec raison qu'elle ne saurait faire de doute, au moins si on considère avec lui ces titres comme représentant des dettes de la société. Mais nous croyons qu'il doit en être ainsi, alors même qu'on adopterait l'un des systèmes opposés à cette conception, puisque tout ce qui n'est pas défendu est permis et que plusieurs textes législatifs, qu'il cite lui-même (n° 61), ont reconnu officiellement la validité des parts bénéficiaires sans se préoccuper de la nature qu'il convient de leur attribuer.

Le titre suivant de l'ouvrage porte comme rubrique : *Régime des parts de fondateur*, et les questions qui s'y trouvent traitées sont les suivantes : A quelles conditions les parts de fondateur sont-elles soumises relativement à leurs formes, à leur taux, à leur mise au porteur ? A partir de quel moment sont-elles négociables, question importante et délicate, car, si l'on assimile ces titres à des actions, ils ne pourront être négociés, comme celles-ci, ni avant la constitution définitive de la société, ni même durant les deux années suivantes par application de l'article 3 de la loi du 24 juilllet 1867 ? M. Lecouturier, en conséquence de la nature qu'il attribue aux parts de fondateur, adopte sur ce point la négative, de même que sur le point de savoir si ces titres sont sujets à vérification de la part de l'assemblée initiale des actionnaires, il n'exige l'accomplissement de cette formalité que dans le cas où les parts sont données à certaines personnes seulement et non pas à la totalité des actionnaires, et encore à la condition qu'elles aient pour but de rémunérer des services rendus à la société avant sa constitution. Les trois dernières sections du titre sont consacrées à l'examen des conséquences de la perte d'un titre de part bénéficiaire et des rapports des porteurs de parts soit avec la société, soit avec les tiers.

A vrai dire, l'étude de ces rapports aurait été mieux à sa place, nous semble-t-il, dans le titre cinquième, qui a pour objet les *droits du porteur de part*. Ils ont deux droits principaux : le droit à une part dans les bénéfices de la société, — et M. Lecouturier indique d'une manière très complète moyennant quelles conditions ce droit a lieu de s'exercer et comment les porteurs de parts ne sauraient être tenus de restituer les dividendes fictifs qu'ils auraient reçus de bonne foi, — le droit à une part dans l'actif net de la société lorsqu'elle viendra à être mise en liquidation, au moins lorsque les statuts ont prévu cette hypothèse et qu'une portion de cet actif a été constituée à l'aide de prélèvements opérés sur les bénéfices annuels dans un but de prévoyance. Mais les actionnaires peuvent-ils, en modifiant le pacte social, modifier en même temps ces droits ? C'est là une source de conflits graves et embarrassants entre les actionnaires et les por-

teurs de parts. Aussi, après avoir signalé les raisons et les éléments
de ces conflits, M. Lecouturier en renvoie-t-il l'examen détaillé au
titre suivant, où il s'est attaché à étudier d'une manière spéciale les
rapports juridiques des porteurs de parts de fondateur avec la société.
Son premier soin a été de mettre en relief cette idée fondamentale,
que les porteurs de parts jouent dans la société un rôle très secondaire, très effacé, que je serais tenté de qualifier de servile, puisqu'en principe ils doivent se soumettre aux décisions des assemblées
d'actionnaires et réclamer simplement la part qui leur est faite dans
les bénéfices. Cependant, cette subordination des porteurs de parts
aux actionnaires comporte des limites. Le contrat qui les lie réciproquement doit être exécuté, en effet, de bonne foi. En conséquence,
les porteurs de parts ont le droit d'obtenir réparation de tout acte qui
porterait atteinte arbitrairement à leurs droits. Mais, dans bien des
hypothèses, la limite est fort malaisée à tracer entre la sphère des
actes permis aux actionnaires et celle de ceux qui leur sont interdits;
le livre de M. Lecouturier sera très utile à consulter chaque fois qu'on
aura à la déterminer, car on y trouvera signalées toutes les nuances
dont il y a lieu de tenir compte parmi les circonstances de fait susceptibles de se produire, pour arriver à la solution de la question.

L'ouvrage se termine, enfin, par une étude de droit fiscal et par un
formulaire dont les fondateurs de sociétés désireux de créer des parts
bénéficiaires pourront s'inspirer pour rédiger les clauses destinées à
régir les droits des porteurs de ces titres.

II

Dans une note publiée par le recueil de Dalloz, année 1895, II, 298,
sous un arrêt de la Cour de Paris du 14 janvier 1895, j'ai soutenu
que les parts de fondateur devaient être considérées comme des actions *sui generis*, analogues aux actions d'apports. Aujourd'hui cette
opinion me paraît erronée, du moins sous cette forme absolue, car,
ainsi que je m'efforcerai de le montrer plus loin, il peut y avoir des
hypothèses, et de ce nombre était celle qui m'avait fourni l'occasion
de la formuler, où je la crois encore conforme à la vérité. Mais *normalement la part de fondateur n'est pas une action, ni même une part
dans la société.* Si je me décide à l'admettre, ce n'est point que je
trouve convaincants tous les arguments accumulés par M. Lecouturier. Ainsi je persiste à penser que les parts de fondateur proprement
dites, — je dirai dans un moment ce qu'il faut entendre par là, —
doivent être toujours réputées correspondre à un apport puisqu'elles
ont leur cause, au moins apparente, dans des services rendus à la
société, et pour le même motif je continue également à croire que les

BIBLIOTHÈQUE NATIONALE — R. F. — IMPRIMÉS

porteurs de ces titres contribuent aux pertes sociales. Ainsi encore
je ne saurais partager l'avis du distingué auteur lorsqu'il dit (n° 38) :
« Peut-il exister dans une société par actions d'autres associés que
les actionnaires ? Nous en doutons fort. » Assurément il avait perdu
de vue, en écrivant cette phrase, la coexistence, dans les comman-
dites par actions, des commandités et des actionnaires. Mais il a indi-
qué lui-même très vigoureusement les véritables raisons qui doivent
faire refuser au porteur de parts le caractère de membre de la société.
C'est que l'analyse des circonstances qui ont amené la création des
titres dont il est nanti, révèle l'absence entre la société et lui de cette
affectio societatis, de cette intention de constituer une société sans
laquelle il n'y a pas de pacte social concevable ; on a voulu lui assu-
rer certains avantages qui devront dériver du fonctionnement de la
société ; de son côté, il a stipulé ces avantages ; mais il n'y a aucune
trace dans ces stipulations réciproques de cette volonté de grouper,
en vue d'un but commun, des personnes ou des capitaux, qui est
l'élément essentiel et caractéristique de toute société. C'est aussi ce
rôle passif et inerte où sont confinés les porteurs de parts, car, s'ils
faisaient partie de la société, ils en seraient les maîtres pour une
fraction quelconque ; ils auraient donc le droit (art. 544 et 545, C. civ.)
de concourir, ne fût-ce que dans une mesure très restreinte, aux
actes par lesquels il est disposé du patrimoine de cette société ; or,
tout droit de ce genre leur étant refusé, il faut en conclure qu'ils sont
également privés de tout droit sur les biens sociaux et, par suite,
qu'ils ne figurent à aucun titre parmi les membres de la société (1).

Sur ce point, je me trouve donc en conformité d'idées avec
M. Lecouturier. Mais il ne s'ensuit nullement que je reconnaisse à la
part de fondateur, comme il le fait, le caractère d'une créance contre
la société. L'exactitude de cette conception est rendue suspecte
a priori par les nombreuses critiques dont elle a été l'objet et par les
efforts que tant de bons esprits ont tentés pour lui substituer une
explication plus satisfaisante. C'est qu'en effet, entre les parts de fondateur et les dettes de la société il existe des différences profondes.
Les dettes de la société supposent que la société existe, qu'elles ont
pris naissance postérieurement à sa constitution ou, tout au moins,
qu'elles sont nées primitivement sur la tête d'une autre personne qui
en a fait cession à la société. Il en est autrement des parts de fonda-

______

(1) Le rapprochement de la situation des porteurs de parts et de celle des
porteurs d'actions amorties est bien fait pour mettre en lumière les différences
essentielles qui existent entre ces deux sortes de titres, les porteurs d'actions
amorties ayant le droit de participer aux assemblées de la société et de réclamer une part de son actif, une fois le montant de toutes les actions
remboursé.

teur; M. Lecouturier est le premier à le reconnaître (n° 158); les droits qu'elles confèrent naissent en même temps que la société elle-même, c'est-à-dire en un moment où elle est en train d'acquérir la personnalité, mais où elle ne l'a pas encore acquise (1). Ce ne sont pas des droits qui existaient auparavant, ni qui aient été constitués après la constitution de la société; leur naissance et celle de la société ont été simultanées. Or, il ne paraît guère concevable que l'acte par lequel une société est créée puisse avoir pour effet de la grever immédiatement d'une dette *qui n'existait pas antérieurement*.

La création des parts de fondateur diffère donc notablement de celle des divers droits dont on a coutume de les rapprocher, tels que la participation aux bénéfices d'un établissement commercial accordée à un employé, à des obligataires, à un prêteur, aux clients d'une compagnie d'assurances, etc. Dans ces divers cas, l'on est en présence de droits nés à la charge d'un individu ou bien d'une société déjà constituée; rien n'empêche donc d'y voir, au moins à ce point de vue, de véritables créances. Mais, comme je viens de le démontrer, il n'en est plus de même quand il s'agit des parts de fondateur et, dès lors, c'est à tort que l'on tire argument de ce qui peut être vrai pour les *parts bénéficiaires* en général, — si l'on donne ce nom, comme on devrait le faire, je crois, à tous les contrats promettant participation aux bénéfices d'une entreprise (2), — pour en conclure que les *parts de fondateur* sont des créances contre une société.

A côté de ces considérations d'un ordre un peu abstrait, il en est d'autres qui doivent également conduire à la même conclusion. Elles doivent, me semble-t-il, se présenter naturellement à l'esprit, quand on se préoccupe de déterminer le rôle qu'il convient d'attribuer aux porteurs de parts de fondateur dans la théorie de la faillite, question dont l'importance ne saurait être contestée et que M. Lecouturier a eu, cependant, le tort de négliger absolument, peut-être parce qu'elle le gênait dans le développement de sa théorie.

Il y a lieu, pourtant, d'être fixé sur les deux points suivants : Un porteur de parts de fondateur peut-il faire déclarer la société en

---

(1) Quoi qu'en puissent dire les partisans de la théorie de l'obligation unilatérale, toute créance suppose nécessairement un débiteur; il s'ensuit donc que tant qu'une société n'est pas constituée, les personnes qui ont contribué à sa constitution ne peuvent se dire créancières à raison des déboursés qu'elles ont faits ou des services qu'elles ont fourni dans ce but, puisque jusque-là elles ne sont les créancières de qui que ce soit. Ce n'est qu'après la naissance de la société qu'elles pourront exercer contre elle l'action *de in rem verso* si le pacte social ne leur a pas assuré le dédommagement auquel elles ont droit.

(2) Cpr. Lecouturier, n° 8.

faillite? Si la faillite de la société est déclarée, quels sont les droits qu'il peut y exercer? La solution de ces questions dépend de l'étendue qu'on reconnaîtra aux avantages afférents, d'une manière générale, aux parts de fondateur. Ils consistent, exclusivement, sans qu'il puisse y avoir aucune discussion à cet égard, dans le droit appartenant au porteur de chacun de ces titres de se faire remettre une certaine fraction des bénéfices à réaliser par la société qui les a émis. Cela étant, quand est-il permis de dire qu'une société, ou plus généralement une entreprise quelconque, a réalisé des bénéfices? Rigoureusement c'est alors seulement que cette société ou cette entreprise prend fin; à ce moment le bilan de ses gains et de ses pertes révélera si elle a eu une carrière fortunée ou malheureuse. Voilà pourquoi, suivant l'opinion suivie d'une manière presque unanime par la doctrine et par la jurisprudence, lorsqu'une société a subi des pertes au cours d'un exercice, alors même que les exercices postérieurs produiraient des bénéfices, il ne doit pas être distribué de dividendes tant que le montant de ces bénéfices n'a pas servi à combler les pertes éprouvées précédemment par le capital. Qu'il doive en être nécessairement ainsi, c'est ce que démontre l'observation suivante : Si l'on admettait qu'une société est en bénéfice par cela seul qu'un exercice se solde par des gains, ce raisonnement serait vrai quelle que fût là durée de l'exercice et, en conséquence, les statuts pourraient décider que les bénéfices obtenus chaque semestre, chaque trimestre, chaque mois, chaque jour même, à la rigueur, seraient répartis immédiatement entre les associés. Or, il est facile de comprendre combien une pareille clause serait dangereuse pour le bon fonctionnement des affaires sociales et pour les intérêts des créanciers, puisque les bénéfices retirés trop rapidement de la caisse de la société feraient défaut pour combler les vides entraînés par des pertes survenant bientôt après, le résultat étant que le capital ne tarderait pas à se fondre.

Ces prémisses posées, il en résulte qu'un porteur de parts de fondateur ne saurait être qualifié pour obtenir la mise en faillite de la société à laquelle il reprocherait de ne pas tenir ses engagements envers lui. De deux choses l'une effectivement : ou bien il soutiendrait que la société a réalisé des bénéfices, mais se refuse à lui verser la part qui lui revient, et, dans ce cas, reconnaissant lui-même l'état de prospérité de la société, il serait inadmissible à vouloir la faire déclarer en état de cessation de payements, et il n'aurait qu'à agir contre elle par les divers moyens de contrainte légaux; ou bien il ferait valoir qu'elle est hors d'état de lui payer les sommes qu'elle lui doit; mais alors il admettrait par là même qu'elle est en perte, qu'elle n'a pas réalisé de bénéfices et qu'il n'a donc rien à lui demander.

On ne manquera pas, il est vrai, de faire l'objection suivante : Si un porteur de parts assigne jamais la société en déclaration de faillite, ce sera parce qu'il lui réclamera le montant de dividendes dont il aura négligé de toucher le montant au moment où ils avaient été mis en distribution, la société étant alors prospère ; l'état de suspension de payements où elle se trouve actuellement n'est donc pas en contradiction avec sa prétention ; dès l'instant où une répartition de bénéfices a eu lieu, son droit à la part qu'il devait y avoir est né, et il peut user de tous les moyens légaux pour en obtenir la réalisation.

Pour spécieuse que soit cette objection, elle ne saurait tenir debout si la théorie que nous avons exposée plus haut sur la nature des bénéfices est vraie. En effet, puisqu'une société ne doit être considérée comme ayant réalisé des bénéfices que lorsqu'elle s'est dissoute, il s'ensuit forcément que jusque-là personne ne saurait avoir de droits acquis sur ces bénéfices. Assurément le montant des dividendes qui ont été touchés ne peut être réclamé à ceux qui l'ont reçu. Mais c'est là une application du principe général fondé sur des raisons économiques évidentes, d'après lequel les fruits et autres revenus d'un caractère périodique s'acquièrent par leur perception, mais ne s'acquièrent que par là (art. 549 et 585 C. civ.; Loi 24 juillet 1867 art. 10) (1).

Les raisons qui interdisent, d'après ce que nous venons de dire, aux porteurs de parts de fondateur de faire proclamer la suspension des payements de la société, s'opposent également, dans le cas où elle viendrait à être déclarée en faillite, à ce qu'ils puissent concourir avec les créanciers sociaux à la répartition de l'actif social. Comment leur serait-il loisible de venir réclamer une part de bénéfices à une société qui ne peut faire honneur à ses affaires ?

Concluons : Dépourvu du droit de demander la mise en faillite de la société et du droit de produire dans sa faillite, le porteur de part peut-il être considéré comme un créancier ? Ne lui manque-t-il pas l'attribut qui caractérise le plus essentiellement cette qualité, le droit de gage général sur le patrimoine du débiteur proclamé par les articles 2093 et 2094 C. civ. ?

Pour faire ressortir encore plus clairement pourquoi il ne saurait être considéré comme tel, il est bon de comparer sa condition avec

---

(1) Il peut résulter de là une certaine inégalité, en cas de faillite d'une société, entre les actionnaires ou les porteurs de parts de fondateur qui ont déjà touché leurs coupons et ceux qui ne l'ont pas encore fait. Mais ceux-ci doivent s'en prendre à eux-mêmes de cette conséquence de leur lenteur à se faire payer et se rappeler le vieil adage : *Lex vigilantibus scripta*. Que l'on observe, d'ailleurs, que la loi admet expressément la possibilité d'un pareil résultat dans le cas où les dividendes mis en distribution étaient purement fictifs.

celle des porteurs de parts bénéficiaires. L'employé intéressé, le prêteur qui a stipulé, au lieu d'intérêts, une part dans les bénéfices, le client de la compagnie d'assurances sont vraiment les créanciers du commerçant avec lequel ils ont traité ; ils peuvent le faire déclarer en faillite s'il ne leur a pas payé régulièrement les bénéfices acquis, et ils peuvent, comme le prouve l'article 549, al. dernier, C. comm., produire dans sa faillite pour le montant de ces sommes. Quelle en est la raison ? C'est que *leur participation aux bénéfices est limitée.* Elle cesse pour l'employé quand il sort du service de son patron, pour le prêteur quand son prêt est amorti, pour l'assuré quand son assurance est expirée. Leur droit aux bénéfices s'acquiert donc exercice par exercice, quelquefois même affaire par affaire. A vrai dire, la réalisation de bénéfices est surtout la condition d'où dépend le montant de la rétribution variable qu'ils ont stipulée en sus ou à la place de la rémunération qu'ils auraient pu exiger normalement. Mais il en va tout autrement pour les porteurs de parts de fondateur. Ils sont attachés au sort de l'entreprise depuis ses débuts jusqu'au jour où elle prend fin, et c'est donc alors seulement qu'on pourra dire sûrement si elle fut couronnée de succès ou d'insuccès. Jusque-là, par conséquent, ils ne peuvent exiger en quelque sorte que de simples avances sur la part que la liquidation finale devra leur attribuer, avances qu'ils ne sont pas tenus, cependant, de restituer si après qu'ils les ont reçus la société venait à subir des pertes.

Il est juste, du reste, qu'il en soit ainsi. Quand une société prospère ou bien périclite, le mérite ou la responsabilité n'en remontent-ils pas le plus souvent en grande partie à ses fondateurs ? Quoi d'étonnant dès lors à ce qu'ils aient, eux ou leurs ayants cause, à subir le contrecoup des vicissitudes par où elle pourra avoir à passer ?

Ceci m'amène à indiquer un dernier ordre de considérations contraires à l'opinion qui voit dans la part de fondateur une dette de la société. Quelle que soit la manière dont on conçoit la nature de ce titre, quand on veut donner une idée des droits qu'il confère, on dit qu'il *associe* son porteur aux chances bonnes ou mauvaises que la société va courir. De même, l'expression *part* de fondateur démontre, surtout si on l'oppose à celle d'*obligation,* que ceux qui l'emploient ont en vue autre chose qu'une créance ordinaire. C'est donc autre chose qu'entendent créer ceux qui créent des titres de ce genre et, puisque l'on invoque, avec raison, l'intention des parties pour contester à ces titres le caractère d'actions, il est tout aussi légitime de s'en prévaloir pour leur refuser celui de créances.

Mais, si ce ne sont ni des actions, ni des parts sociales, ni des créances, quelle idée faudra-t-il donc s'en faire ? La réponse à cette question sera fournie par les caractères que nous venons de leur reconnaître. Le porteur de parts ne fait point partie de la société, il n'en est pas créancier, et pourtant son sort est intimement uni à celui des actionnaires (1). Qu'est-il donc ? Le Code civil lui-même nous le dira, un CROUPIER, c'est-à-dire un tiers que les actionnaires ont associé à leurs chances de gain et de perte (art. 1861, C. civ.). Cette manière de voir est absolument conforme au sens que l'on a entendu donner au mot « croupier, » quand on a commencé à l'employer avec cette acception. « *Croupier*, » dit le *Dictionnaire de droit et de pratique*, de Ferrières, « est un associé secret en un traité, en une ferme, qu'il laisse mettre et régir sous le nom d'un autre, dont il partage le gain ou la perte, à proportion de ce qu'il y a avancé. » Cette définition s'appliquerait à merveille à celui des participants qui, dans ce qu'on appelle aujourd'hui une participation en commandite, joue le rôle de commanditaire. Il pourrait donc sembler de prime abord que le système que je propose se confond, ou peu s'en faut, avec celui dont M. Génevois (2) s'est fait le promoteur, et qui consiste à considérer le contrat d'où naissent les parts de fondateur comme une association en participation conclue entre eux et la société. En réalité il n'en est pas ainsi, car, à mon avis, ce n'est pas avec la société, mais bien avec ses membres, que se forme l'association en participation dont font partie les porteurs de parts de fondateur. Il ne saurait être question, en effet, d'une association avec la société elle-même, du moment où l'on dénie aux porteurs de parts, comme je l'ai fait moi-même plus haut, la qualité de membres de la société. S'ils jouaient à l'égard de la société le rôle de participants, ils auraient le droit de contrôler ses actes et de se faire rendre des comptes. Puisqu'ils n'ont pas ce droit, ils ne sont pas plus des associés de la société que des membres de la société elle-même.

Aucun obstacle ne s'oppose, au contraire, à ce qu'il existe une association en participation entre les porteurs de parts et les actionnaires. Loin de là, cette manière de concevoir la situation respective de ces personnes est pleinement conforme aux circonstances dans lesquelles elles entrent en rapport. Le contrat qui les lie est l'acte de société; or, quelles sont les parties entre lesquelles ce contrat se forme ? D'une part, tous les actionnaires s'engagent réciproquement les uns envers les autres ; d'autre part, groupés tous ensemble, ils prennent des engagements envers les personnes auxquelles des parts

(1) Cette union saute aux yeux quand on parcourt la cote des valeurs de Bourse où l'on voit, par exemple, les actions et les parts de fondateur de la Cⁱᵉ de Panama partager le même sort et ne plus figurer que pour des prix dérisoires, tandis que les obligations émises par cette société ont toujours continué, malgré sa déconfiture, à obtenir une cote beaucoup plus élevée.

(2) *Nouveau régime des sociétés*, p. 159.

de fondateur sont attribuées par les statuts. Il s'agit donc, on le voit bien, d'un contrat entre ces personnes et les actionnaires, et non pas d'un contrat avec la société, puisque la société n'existe pas encore et qu'il faut attendre pour qu'elle soit constituée, pour qu'elle puisse donc agir et contracter, que l'acte de société soit devenu définitif par l'accomplissement des formalités prescrites par la loi (1).

Autre observation : rien de plus naturel que les personnes par lesquelles ont été posées les premières bases de la société stipulent une rénumération de celles qui, en vertu de leur souscription aux actions émises, vont devenir propriétaires de l'actif social et profiter des bénéfices qu'il pourra produire.

Objectera-t-on, comme le fait M. Lecouturier (n° 52), que la convention qui engendre les parts de fondateur ne saurait être une association en participation, « le caractère essentiel de l'association en participation étant de rester occulte et inconnue aux tiers ? » Mais cette objection repose sur une erreur, car, si la loi en dispensant les associations en participation de toute condition de forme et de publicité, les a autorisées à rester occultes, il ne s'ensuit nullement qu'elles soient condamnées à revêtir ce caractère. Tout ce qui n'est pas défendu est permis, et d'ailleurs, dans la pratique commerciale, que d'affaires « en compte à demi » où tous les participants traitent simultanément avec leur contre-partie, en lui faisant connaître et l'accord qui les unit et l'accroissement de garanties qui en résulte.

Je formulerai donc ainsi la doctrine que je propose : *La part de fondateur est un titre par lequel les actionnaires d'une société s'engagent à faire participer le propriétaire de ce titre aux bénéfices qu'ils pourront retirer de la société* (2).

Cette définition posée, il me reste à montrer comme elle s'accorde bien avec les caractères que l'on est unanime à reconnaître aux parts de fondateur.

En effet, quelle que soit la théorie qu'on adopte sur la nature de ces titres, on est d'accord sur les points suivants : ils donnent droit à une fraction des bénéfices de la société ; ils ne donnent aucun droit sur l'actif social proprement dit ; ils ne confèrent pas l'accès de l'assemblée générale (3). Or, soit qu'on voie dans la part de fondateur

(1) Telles que l'approbation des apports en nature et des avantages particuliers, la nomination du premier conseil de surveillance, la publication des statuts, etc.

(2) Cpr. un arrêt de la Cour de Lyon, du 14 mai 1901 (*J. Soc.*, 1902, 29), où il est dit que la part de fondateur représente « non pas une créance sur la société, mais seulement une créance sur la part des bénéfices arrêtés par les actionnaires. »

(3) Lecouturier, n° 318.

une part sociale, soit qu'on y voie une créance, il est impossible de
faire cadrer ces caractères les uns avec les autres; ils ne sauraient
convenir tous ensemble soit à une dette de la société, soit à une action.

L'explication que je propose me paraît échapper à ce défaut. Si le
porteur de part est simplement associé par les actionnaires au partage des profits que l'exploitation de l'affaire doit leur procurer, il
est naturel qu'il ait le droit de leur réclamer la fraction des bénéfices
de la société qui lui a été promise, qu'il n'ait, au contraire, aucun
droit sur l'actif social proprement dit et qu'il n'ait pas qualité pour
figurer dans les assemblées sociales.

Cette théorie permet aussi de résoudre aisément toutes les difficultés qui peuvent s'élever au sujet des effets entraînés par la création
de parts de fondateurs dans une société.

Que l'on se pénètre, d'abord, de cette idée que les porteurs de part
n'ont pas d'action directe contre la société, qu'ils sont seulement à
son égard les ayants cause des actionnaires, et il en découlera tout
naturellement les conséquences suivantes :

Ils n'ont rien à réclamer à la société tant qu'elle ne réalise pas des
bénéfices et qu'il n'en est pas mis en distribution. Ils n'ont pas le
droit de demander la mise en faillite de la société, puisqu'ils ne pourraient le faire que du chef des actionnaires, qui n'ont pas qualité pour
cela; et, pas plus que leurs autres créanciers personnels, ils ne peuvent, en cas de déclaration de faillite, venir en concours dans la répartition de l'actif avec les créanciers sociaux. De même, quand la
société se dissout pour tout autre cause, la liquidation ne leur doit
rien, à moins qu'il n'y figure des sommes provenant d'une portion
des bénéfices qui avait été mise en réserve.

Pas plus que les autres créanciers des actionnaires, ils n'ont le
droit, en principe, de provoquer l'annulation du contrat de société,
ou de critiquer les modifications apportées aux statuts primitifs. Il
n'en sera autrement que s'ils se trouvent dans des conditions telles
qu'il leur soit possible d'invoquer la disposition de l'article 1166 ou
celle de l'article 1167.

Liés au sort des actionnaires, ils ne pourront également se plaindre
des augmentations ou des diminutions de capital que moyennant les
mêmes conditions. Mais, par contre, ils en bénéficieront lorsque ces
modifications profiteront aux actionnaires eux-mêmes.

Puisque les parts de fondateur ne sont pas des actions, il sera loisible de les négocier dès qu'elles ont été créées, sans qu'il y ait lieu
de leur appliquer la décision de l'article 3 de la loi du 24 juillet 1867.
Au contraire, l'attribution de titres de ce genre constituant assurément pour les personnes au profit desquelles elle est stipulée un avan-
tage résultant des statuts, il sera nécessaire de le faire approuver,

conformément à l'article 4 de la même loi, par les assemblées initiales de la société.

Tels sont donc les caractères que les parts de fondateur revêtent normalement. Mais il est possible que sous le nom de parts de fondateur les auteurs des statuts aient entendu créer en réalité de véritables actions de jouissance, de même que l'on a vu trop souvent certains financiers sans scrupules essayer d'éluder les exigences gênantes de la loi de 1867 en tentant de fonder, sous le nom d'associations en participation, composées d'un grand nombre de parts, de véritables sociétés par actions. En pareil cas, il appartient aux tribunaux d'écarter ces étiquettes trompeuses en restituant aux actes le nom et la portée qui leur conviennent en réalité. S'ils estiment donc que sous l'appellation de parts de fondateur on s'est proposé de dissimuler des actions, ces titres devront être traités comme tels, et en particulier ils devront être soumis à la règle d'après laquelle les actions d'apports ne peuvent être négociées avant l'expiration des deux années qui suivent la fondation de la société.

Extrait de la *Revue générale du droit*.

TOULOUSE. — IMP. A. CHAUVIN ET FILS, RUE DES SALENQUES, 28.

Albert FONTEMOING, éditeur, 4, rue Le Goff, 4, à Paris

REVUE GÉNÉRALE
DU DROIT, DE LA LÉGISLATION

ET DE

LA JURISPRUDENCE

EN FRANCE ET A L'ÉTRANGER

Dirigée par MM.

Ch. APPLETON Professeur à la Faculté de droit de Lyon;	**Th. DUCROCQ** Professeur honoraire à la Faculté de droit de Paris, Doyen honoraire, Correspondant de l'Institut;	**J.-B. MISPOULET** Docteur en droit, Lauréat de l'Institut;
Alph. BOISTEL Professeur à la Faculté de droit de Paris;	**Jh LEFORT** Avocat au Conseil d'État et à la Cour de cassation, Lauréat de l'Institut;	**H. PASCAUD** Conseiller à la Cour d'appel de Chambéry;
J. BRISSAUD Professeur à la Faculté de droit de Toulouse;	**Fréd. MATHÉUS** Ancien maître des requêtes au Conseil d'État;	**J. VALERY** Professeur à la Faculté de droit de Montpellier.

H. BROCHER Professeur aux Universités de Genève et de Lausanne.	**Enrico FERRI** Député, Professeur à l'Université de Rome.	**Frédérick POLLOCK** Professeur à l'Université d'Oxford, Correspondant de l'Institut.

AVEC LE CONCOURS D'UN GRAND NOMBRE DE PROFESSEURS, DE MEMBRES DE LA MAGISTRATURE
ET DU BARREAU FRANÇAIS ET ÉTRANGER

LA REVUE GÉNÉRALE DU DROIT

Paraît tous les deux mois (depuis le 1er janvier 1877) par livraisons de chacune six feuilles (*au moins*) grand in-8° cavalier et forme, à la fin de l'année, un fort volume de 600 à 650 pages, imprimé sur beau papier en caractères neufs.

Le prix de l'abonnement est de 16 fr. pour la France et les pays faisant partie de l'Union générale des postes. — Pour les autres pays, les frais de poste en sus. Prix du numéro double, séparément : 3 fr. 25.

Tout ce qui concerne la Revue doit être adressé *franco* à M. Albert FONTEMOING, éditeur-propriétaire-gérant de la **Revue générale du droit.**

On s'abonne, en province et à l'étranger, chez les principaux libraires et dans les bureaux de poste.

www.ingramcontent.com/pod-product-compliance
Lightning Source LLC
LaVergne TN
LVHW011042050726
842519LV00004B/1487